시몬을 위해

- 매튜 스미스(M. C. S.)

작은 놀라움 하나 속에서 우주를 보는 모든 이에게 이 책을 바칩니다

- 줄리아노 페리(G. F.)

Small Wonders
: Jean-Henri Fabre & His World of Insects
by Matthew Clark Smith, Giuliano Ferri

Text Copyright ⓒ 2015 by Matthew Clark Smith
Illustrations Copyright ⓒ 2015 by Giuliano Ferri
Published in the United States by Amazon Publishing, 2015. This edition made possible under a license arrangement originating with Amazon Publishing, www.apub.com. All rights reserved.
Korean Translation Copyright ⓒ 2015 by Dourei Publication Co.
Korean translation rights arranged with Amazon Contents Service LLC through EYA(Eric Yang Agency).

이 책의 한국어판 저작권은 EYA(Eric Yang Agency)를 통해 Amazon Contents Service LLC와 독점계약을 맺은 도서출판 두레가 갖고 있습니다. 저작권법에 의하여 한국 내에서 보호를 받는 저작물이므로 무단으로 전재하거나 복제할 수 없습니다.

파브르 이야기

『곤충기』를 쓴 파브르의 특별한 삶

파브르 이야기

『곤충기』를 쓴 파브르의 특별한 삶

매튜 클라크 스미스 글 | 줄리아노 페리 그림 | 홍수원 옮김

두레아이들

햇빛이 잘 드는 프랑스 남부 지방의 어느 조용한 마을. 이곳은 여느 마을과 다름없이 수탉이 울고, 교회 종소리가 울려 퍼지고, 마을 사람들은 서로 잘 알고 지내면서 자기 할 일을 하며 살고 있었습니다. 딱 한 사람만 빼고요.

이 마을 한쪽 끝에는 높은 담과 플라타너스로 둘러싸인 분홍색 집이 한 채 있었어요. 그 집에는 눈동자가 딱정벌레처럼 새카맣고, 검은색 우묵모자를 쓰고, 동물들에게 이상한 말을 거는 노인이 살았어요. 어떤 사람은 이 노인을 마법사라고 하고, 어떤 사람은 그냥 미친 사람이라고 했습니다.

이 노인은 햇볕이 가장 뜨거운 한낮에는 땡볕 아래 쪼그리고 앉아 딱정벌레가 땅에 구멍을 파는 모습을 지켜보았습니다.

캄캄한 밤에는 숲 속에서 몸을 웅크린 채 거미들이 거미줄 치는 모습을 관찰했습니다.

마을 어린이들이 죽은 두더지와 도마뱀을 주워 오면 한 마리에 1페니씩을 주었어요. 그러고는 청파리들이 꼬일 때까지 그것들을 정원에 그냥 놓아두었습니다.

사람들은 이 노인의 집 안에는 더 기이한 것들이 숨어 있다고 수군거렸습니다. 통 안에 갇혀 기어 다니는 전갈들, 열린 창문으로 쏜살같이 날아다니는 제비들, 소금에 절여져 나무상자에 가득 담긴 해산물들 같은 것들 말이에요. 또한, 어떤 사람이 틀림없다고 장담했는데, 이 집 저녁 밥상에는 볶은 쐐기벌레가 올라온다고 했습니다. 해가 거듭될수록 이 노인을 둘러싼 소문은 눈덩이처럼 불어나면서 궁금증도 더욱 커져 갔습니다.

노인이 나이가 들어 더 늙어진 어느 맑은 가을날, 골짜기 쪽에서 쿠르르릉하는 낯선 자동차 소리가 조용하던 마을을 깨웠습니다.

뒤이어 번쩍번쩍 윤이 나는 검은색 자동차들이 뿌연 먼지를 일으키면서 분홍색 집에 도착했습니다. 그때 차에서 매우 낯익은 사람이 모습을 드러냈어요. 바로 프랑스 대통령이었어요!

마을 사람들은 눈이 휘둥그레져서 귀엣말로 수군거렸어요. 딱정벌레와 이야기를 나누더니 대통령까지 찾아오는 이 수수께끼 같은 이웃은 대체 어떤 사람일까?

그의 이름은 장-앙리 파브르였습니다.

파브르는 그로부터 약 백 년 전쯤 어느 산기슭에서 태어났습니다. 하지만 집이 가난해서 태어나서 몇 년 뒤 부모님 곁을 떠나 할아버지 할머니와 함께 살아야 했어요.

어린 파브르는 오래되고 색이 바랜 농가에서 살았습니다. 주변 몇 킬로미터 안에 다른 집은 하나도 없었어요. 늪지를 돌아다니는 돼지와 소, 돌밭이나 다름없는 땅을 힘겹게 비집고 나온 감자, 그리고 바위에 엉겨 붙은 가시금작화 덩굴만 있을 뿐, 이런 것과 다른 모습이라곤 파브르네 집뿐이었습니다. 날이 어두워지면 파브르는 세찬 바람소리와 늑대 울음소리를 들으면서 잠이 들었습니다.

다른 사람에게는 그곳이 온통 바위와 습지, 쇠똥투성이에 비가 그치지 않는 그저 거칠고 우중충한 곳처럼 비쳤겠지만, 파브르에게는 작은 놀라운 세상이었습니다.
풀 잎사귀 뒤쪽에는 귀한 하늘빛 딱정벌레가 붙어 있었어요.

이끼 사이에는 둥글고 희면서도 베개처럼 보드라운 달걀 같은 것이 있었어요.

돌에 새겨진 숫양의 조그만 뿔도 있었어요.

조약돌 계곡이 간직한 다이아몬드와 사금 가루 같은 보물도 있었습니다.

파브르는 나중에야 이런 것들의 진짜 이름을 알게 되었습니다. 그리고 마법의 주문처럼 그 이름들을 외우고 또 외웠습니다.

점박이긴다리풍뎅이, 아마니타버섯, 암모나이트 화석, 수정, 운모 조각.

이제 이런 것들은 뭐라고 표현할 수 없는 놀라움의 대상이 되었어요.

파브르는 일곱 살 때 가족이 도시로 이사하면서 학교를 다니기 시작했습니다.

아버지가 연못에 있는 오리들을 돌보라고 시키면 파브르는 옷이 흠뻑 젖은 채 돌아왔습니다. 파브르가 보물처럼 여기는 것들로 주머니를 가득 채운 채 말이에요.

교실에서 친구들이 라틴 어를 배울 때 파브르는 책상 여기저기 감춰 둔 말벌 침과 금어초 꼬투리를 만지작거렸습니다.

파브르의 이런 행동은 대개 계속되었지만, 그를 이해하는 사람은 한 사람도 없었어요. 선생님은 아직 그리스 어와 수학도 제대로 모르면서 꽃에 한눈을 팔아 무슨 도움이 되겠느냐고 야단쳤습니다.

　파브르의 아버지는 좀 더 잘 살아보려고 가족을 데리고 이 도시 저 도시로 옮겨 다녔지만 끝내 뜻을 이루지 못했습니다.
　열여섯 살이 되자 파브르는 집을 떠나 혼자 생활하기로 결심했습니다. 그 뒤로 파브르는 철도원으로도 일하고, 시장에서 레몬을 팔기도 하고, 가끔씩 철길 옆에 있는 과수원에서 슬쩍 딴 포도 몇 송이로 끼니를 때우며 살기도 했습니다.
　그러면서도 여전히 눈길이 닿는 곳마다 작고 놀라운 세계가 파브르를 사로잡았어요. 흙덩이 한 조각에도, 잡초가 우거진 곳에도 온통 멋쟁이 딱정벌레와 사나운 말벌, 감미롭게 노래 부르는 귀뚜라미 같은 곤충들이 와글거렸습니다.

마침내 파브르는 학교 선생님이 되었습니다. 하지만 교실은 어둡고 차갑고 눅눅했어요. 그래서 파브르는 학생들을 자연 속으로 데리고 나가 여치의 노랫소리를 들려주고, 메이슨 벌의 진흙 집에서 꿀맛을 맛보게 했답니다.

　그런데 얼마 뒤 파브르는 좋아하는 곤충들을 탐구할 시간이 얼마 남지 않았다는 것을 알았습니다. 몸이 아팠기 때문입니다. 그 뒤 한동안 몸은 조금도 나아지지 않았어요. 당시 파브르에게 제일 기쁜 일은 마리라는 젊은 선생님과 결혼한 것이었어요. 하지만 첫째와 둘째 자식이 차례로 숨지면서 슬픔에 겨운 나머지 파브르는 곤충에 관심이 점차 줄어드는 것을 느꼈습니다.

그래도 파브르는 열심히 연구하고 공부해서 마침내 최고의 학위를 받았습니다. 그러던 어느 겨울날 저녁, 파브르가 읽은 글 한 편이 그 누구보다도 뜨거웠던 파브르의 열정에 다시 불을 댕겼습니다.

노래기벌과에 속하는 어떤 말벌 이야기였습니다. 이 말벌은 자기 몸집보다 두 배 가까이 되는 딱정벌레를 사냥해서, 어미 말벌이 낳은 알 옆에 놓아두고 태어날 아기들의 먹이로 썼습니다.

그런데 말벌에게 잡혀온 딱정벌레는 오랫동안 그냥 두어도 상하지 않았습니다. 이게 어떻게 가능할까요? 말벌이 딱정벌레를 죽이지 않고 계속 살아 있게 만드는 비결이라도 깨우쳤던 걸까요?

파브르는 그동안 곤충을 다룬 책들을 많이 읽었지만 하나같이 내용이 따분하고 재미도 없었습니다. 하지만 이 논문으로 파브르의 호기심과 탐구심은 이제 완전히 되살아났습니다. 놀랍고 신비로운 것들로 가득 찬 곤충들의 삶이란 어떤 것일까요?

파브르는 말벌이 알을 깐 곳을 파헤쳐 딱정벌레 수백 마리를 찾아내 집으로 가져왔습니다. 그러고는 뾰족한 것으로 콕콕 찔러 보았어요. 또한 풀밭에 몇 시간씩 엎드린 채 말벌이 딱정벌레를 사냥하는 모습을 관찰했습니다. 그런 끝에 마침내 해답을 얻었습니다.

딱정벌레들은 죽은 것이 아니었어요. 말벌이 침을 놓아 마비시켜서 딱정벌레를 그저 꼼짝 못하게 만들었던 거예요. 아기 말벌은 태어나면서부터 엄청나게 큰 먹이를 먹고 자라는 거죠. 그것도 살아 있는 것을!

파브르가 발견한 여러 사실들 때문에 과학자들 사이에서 소란이 벌어졌습니다. 다만 그 소란이 파브르가 알아낸 사실 때문인지, 파브르가 과학계에서 알려지지 않은 사람이기 때문인지는 누구도 말하지 못했어요.

파브르는 자신이 알아낸 내용을 널리 알려 주려고, 관심 있는 사람은 누구나 자신의 수업을 듣게 해 주었어요. 그러나 정부는 그의 수업 내용을 못마땅하게 생각했어요. '피에 굶주린 개미 싸움꾼들이 눈부신 전과를 올린다? 식물들이 은밀한 사랑 놀음을 벌인다?' 파브르는 까닭도 모른 채 일자리를 잃었습니다.

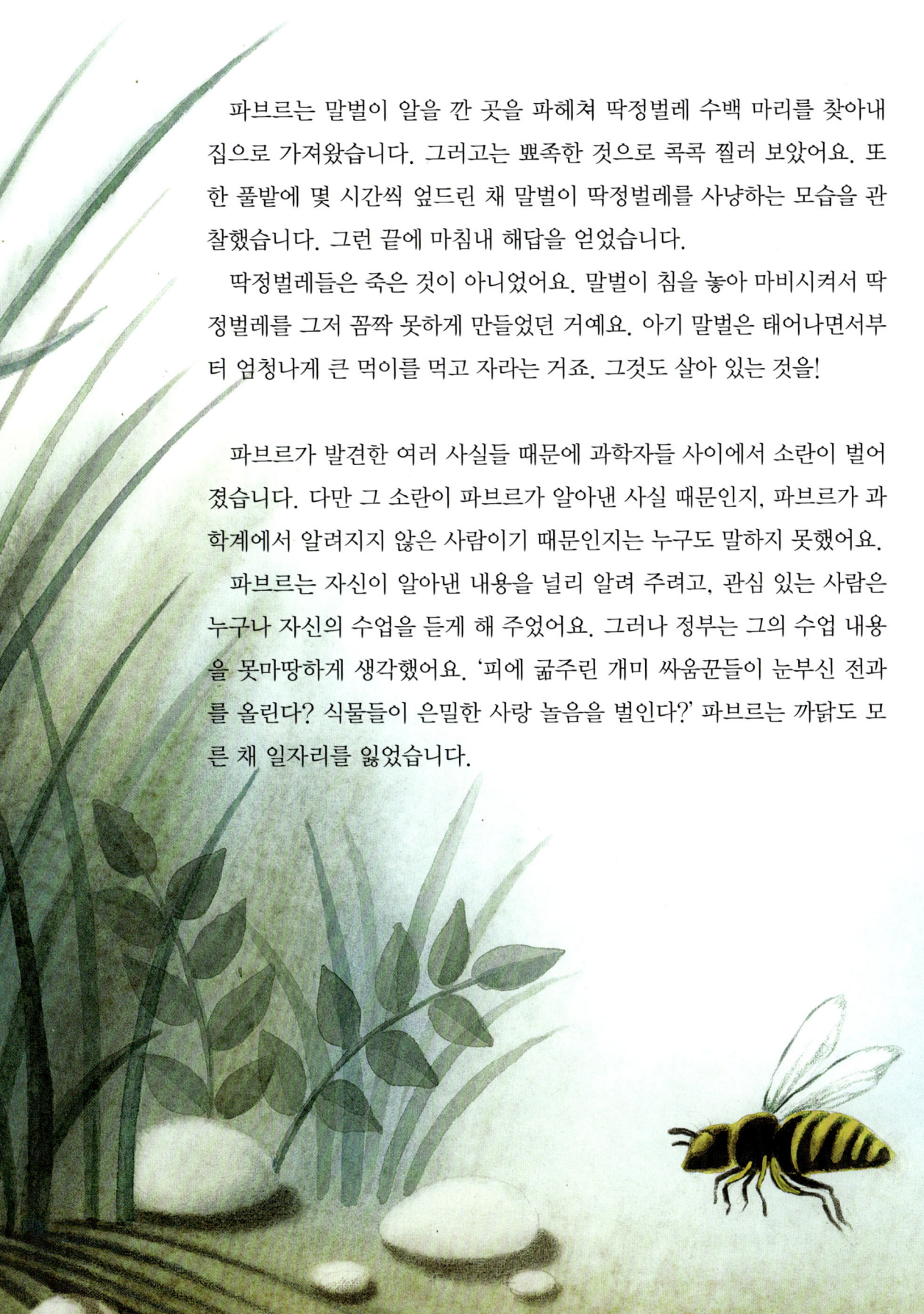

그 뒤 몇 년은 파브르에게 힘든 시간이었습니다. 모질게 추운 어느 겨울에는 무서운 폐렴에 걸리고 말았어요. 파브르는 침대에 누워 오슬오슬 떨면서 죽음을 떠올리기도 했습니다.

그러나 파브르는 사랑하는 곤충들에게 작별인사도 하지 못한 채 떠날 수는 없었습니다. 그래서 아들에게 이미 겨울잠에 빠져든 벌들이 있는 곳을 알려 주었어요. 얼마 뒤 아들이 돌처럼 단단하게 굳은 벌들을 가져와 침대 위에 올려놓았습니다.

파브르가 벌들에 손을 대려는 순간, 갑자기 벌들이 꿈틀거렸어요. 방이 따뜻해서 벌들이 되살아난 것이었어요. 몇 번 꿈틀대던 벌들이 날개를 퍼덕거리고 다리를 쭉 뻗으며 더듬이를 움직이더니, 이내 공중으로 날아올랐어요!

파브르는 가슴이 마구 뛰었어요. 살아야 할 이유를 찾았던 것입니다. 곤충들도 자신들의 비밀을 세상에 알려서 자신들을 지켜 줄 사람이 필요했습니다.

그 뒤 파브르는 몇 달 동안 무엇에 홀린 사람처럼 글을 썼어요. 파브르가 쓴 글은 때로 시 구절처럼 물 흐르듯이, 또 춤추듯이 이어졌습니다.

파브르는 육감 비슷한 감각 능력을 지닌 박쥐 날개 모양의 나방인 그레이트 피콕 이야기를 썼습니다. 물론 이런 나방들의 고치를 찾기 위해 아몬드 가지들을 샅샅이 뒤지기도 했어요. 고치가 보이면 항아리마다 한 개씩 넣고 나방이 나올 때까지 기다렸습니다.

정말 믿기 어려운 일도 있었어요. 밤이 되면, 몇 킬로미터나 떨어져 있던 수컷 나방이 어떤 냄새의 흔적을 따라 항아리 속의 암컷을 찾아왔던 것입니다.

파브르는 보잘것없어 보이는 애벌레들이 꼬리에 꼬리를 물고 아주 커다란 행렬을 이루어 밤낮없이 이동하는 과정을 다룬 『행렬』이라는 책을 썼습니다. 파브르는 화분 가장자리에 애벌레들을 놓고 맨 뒤 애벌레를 맨 앞 애벌레와 연결시켜 둥글게 만들면, 애벌레들이 며칠 동안이나 원을 그리며 행진한다는 사실을 알아냈습니다.

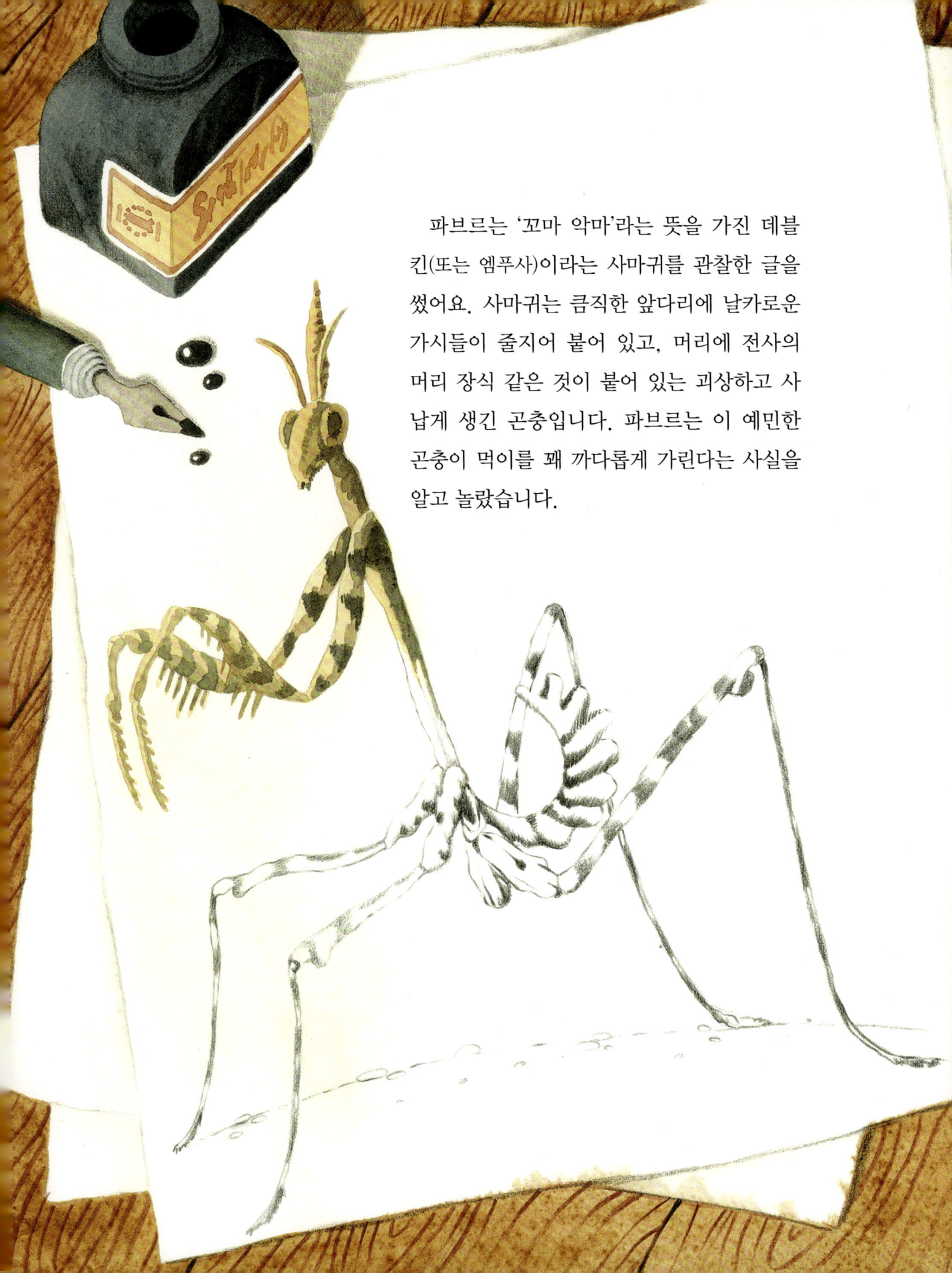

파브르는 '꼬마 악마'라는 뜻을 가진 데블킨(또는 엠푸사)이라는 사마귀를 관찰한 글을 썼어요. 사마귀는 큼직한 앞다리에 날카로운 가시들이 줄지어 붙어 있고, 머리에 전사의 머리 장식 같은 것이 붙어 있는 괴상하고 사납게 생긴 곤충입니다. 파브르는 이 예민한 곤충이 먹이를 꽤 까다롭게 가린다는 사실을 알고 놀랐습니다.

파브르는 또 겉보기에 모범적인 부부 생활을 하는 꼬마 쇠똥구리 시시포스에 대한 글도 썼습니다. 파브르는 한 쌍이 힘을 합쳐 새끼들의 귀중한 먹이가 되는 쇠똥을 둥글게 말아 보금자리로 굴리고 가는 모습을 관찰했어요. 이때 암컷은 앞에서 끌고 수컷은 뒤에서 밀며, 때로는 몇 시간씩 애를 썼습니다.

파브르는 다른 곤충들 수십 종의 이야기도 썼는데, 그 속에는 모두 읽는 이의 마음을 사로잡는 내용이 담겨 있었어요. 세월이 흐르면서 숨어 살며 값진 글을 쓰는 이 기이한 노인을 둘러싼 소문이 점차 퍼져 갔습니다.

오랜 세월이 지나 파브르는 마침내 평생 동안 간직해 온 꿈을 이룰 수 있는 돈을 마련했습니다. 그리고 조그만 시골 마을에 있는 분홍색 집을 찾아냈습니다. 높은 담과 플라타너스에 둘러싸인 아늑한 집이어서 안성맞춤이었어요. 파브르는 바로 이 집에서 곤충들의 천국을 만드는 일을 시작했습니다.

파브르가 곤충들을 탐구하느라 푹 빠져 있는 동안 세월은 계속 흘러갔어요. 계절이 바뀌고 해가 지날 때마다 놀라운 일과 발견도 계속되었습니다.

그런데 다른 사람들도 곤충을 이렇게 지켜보거나, 주의 깊게 관찰했을까? 파브르는 아흔 살에 가까워지면서 자신에게 이렇게 물었습니다.

파브르는 그동안 힘겹게 살아온 자신이 돌투성이 땅을 헤집고 나온 자그마한 꽃과 같다고 생각했습니다. 또한 자신의 책을 읽고 단 한 사람이라도 마음속에 작은 감동을 느낀다면 자신이 조금이나마 쓸모가 있다고 생각했습니다.

소식이 전해진 것은 그즈음이었어요. 프랑스를 대표하는 과학자들이 한자리에 모여 엄청난 영광의 대상자를 뽑는 투표를 했습니다. 결과는 만장일치였어요. 그들은 곤충들의 모습을 시처럼 아름답게 표현한 장-앙리 파브르를 노벨상 후보로 추천했습니다! 하지만 걱정거리가 하나 있었습니다. 조용히 숨어 사는 이 귀중한 보물 같은 사람을 어디에서 찾을 수 있을까요?

그런 까닭에 조그만 마을 세리냥의 사람들은 모두 뛰쳐나와 평생 한 번 볼까 말까 한 모습을 지켜보았습니다.

프랑스 대통령을 태운 번쩍거리는 자동차가 요란한 소리를 내면서 흙투성이 마을길을 지나갔습니다. 마을 사람들은 어른 아이 할 것 없이 하나둘씩 하던 일을 멈추고, 분홍색 집으로 달려갔습니다.

늘 이해할 수 없는 괴상한 행동을 하고, 마을 사람들에게 자신을 잘 드러내지 않아서 미친 사람이나 마법사로 오해를 받았던 파브르. 하지만 그는 귀한 보물 같은 사람이었습니다.

마을 사람들은 자신을 찾아온 손님에게 곤충 이야기를 들려주며 흐뭇해하는 파브르의 모습을 조용히 지켜보았습니다.

　인간이나 동물에게는 모두 특별한 재능이 있습니다. 어떤 아이는 음악에 빠져들고, 어떤 아이는 수치에 대한 이해가 빠릅니다. 곤충도 마찬가지입니다. 어떤 종류의 벌은 나뭇잎을 잘 자르고, 어떤 종류의 벌은 진흙으로 보금자리를 만듭니다……. 사람들은 이런 특별한 재능을 천성이라고 부르지만 곤충의 세계에서는 본능이라고 부릅니다. 본능은 동물의 천성입니다.

— 장-앙리 파브르(Jean-Henry Fabre)

비길 데 없는 위대한 관찰자, 파브르

장-앙리 카지미르 파브르(Jean-Henry Casimir Fabre)가 자라던 1800년대 초만 해도 과학자들은 연구실이나 멀리 떨어진 외국에서 식물이나 동물을 연구하는 일이 많았습니다. 곤충을 탐구하는 곤충학은 특별한 전문가들이나 관심을 기울이는 대상이라 생각했습니다. 물론 일반 사람들은 벌이나 귀뚜라미, 나비처럼 주변에서 쉽게 볼 수 있는 몇몇 '곤충들'에 익숙했지만 곤충학을 다룬 책들은 대개 이런 벌레들과는 거의 아무런 상관이 없었어요. 그 대신 이런 책 속에는 크기를 측정한 수치와 겉모습을 설명하는 재미없는 내용이 가득했습니다. 그나마도 읽기 힘든 그리스 어나 라틴 어로 씌어 있는 책이 많았습니다. 아름다운 그림으로 가득 차 있는 책도 더러 있는데, 이런 그림 속의 곤충들은 죽은 뒤 보존 처리되고 반듯하게 열을 맞춰 정리된 모습이었습니다. 그나마 아주 먼 곳에서 가져온 것들이었습니다.

하지만 파브르는 달랐습니다. 그는 꽃밭이나 풀밭, 프랑스 시골의 길가처럼 우리 주변에서 쉽게 찾을 수 있는 곤충들을 탐구했습니다. 또한 곤충들이 죽은 뒤 해부해서 서로 비교하는 대신, 살아 움직이는 모습을 연구했습니다.

파브르는 이렇게 자신이 살던 곳에서 활동하는 곤충들을 자세하고 빈틈없이 관찰해서 여러 가지 중요한 사실들을 밝혀냈습니다. 파브르는 곤충들이 페로몬

이라는 화학 성분의 향기를 이용해 서로 의사소통을 한다는 사실을 처음으로 증명했습니다. 또한 과변태라는 과정도 처음으로 밝혀냈습니다. 과변태란 벌과 비슷한 모양의 재니등애와 물집딱정벌레로도 불리는 땅가뢰 같은 몇몇 곤충들이 성충으로 성장하는 과정에서 여러 차례 다른 형태로 바뀌는 것을 말합니다. 나아가 그는—동물이 타고나 좀처럼 바꾸지 못하는 행태인—여러 가지 본능이 곤충들의 놀랍고도 이상한 재주 중 많은 부분을 설명해 준다는 점을 처음으로 제대로 알아낸 사람이었습니다. 즉 말벌이 사냥한 딱정벌레를 마비시키는 재주부터 흰개미 떼가 둑 모양의 큼직한 집을 짓는 능력까지 모두 곤충들의 본능과 크게 관련이 있었습니다.

그러나 파브르가 알아낸 사실들이 모두 이처럼, 세월이 흘러도 변함없이 틀리지 않은 것으로 입증된 것은 아닙니다. 그래도 그를 좇아 탐구하는 사람들은 종종 파브르가 빈틈없는 관찰과 실험의 모범이라고 말했습니다. 위대한 생물학자 찰스

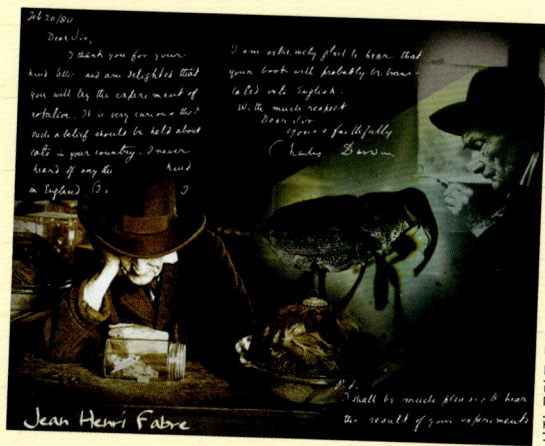

사진 콜라주 Eric Geirnaert

다윈도 파브르를 존경하는 뜻에서 그를 "비길 데 없는 관찰자"라고 불렀습니다.

  파브르는 과학자로서 새롭고 중요한 일들을 많이 해냈습니다. 그러나 파브르를 더욱 돋보이게 만든 것은 자신의 관찰 결과를 다른 사람들, 그것도 학계뿐만 아니라 일반 사람들에게까지 널리 알리기 위해 무척 노력했다는 사실입니다. 그는 강의를 하고 책을 펴내면서 동·식물 생태의 온갖 면을 밝히는 데 아무런 거리낌이 없었습니다. 그래서 그런 탐구 내용 중 일부는 언짢게 비치거나 충격적인 것도 있었습니다. 그 때문에 파브르와 같은 시기에 활동한 사람들은 일반인들—특히 여성과 어린이들—이 파브르의 연구 결과를 보지 못하게 할 필요가 있다고 생각하기도 했습니다. 그러나 파브르는 모든 사람들이 복잡한 모습 그대로 자연을 바라보는 것이 중요하다고 믿었습니다. 그의 가족의 생각도 마찬가지였습니다. 가족들은 힘겹고 미심쩍게 여겨질 때도 파브르를 뒷받침하면서, 딱정벌레 채집을 돕고, 정원을 가꾸거나, 또 파브르가 집으로 가져온 갖가지 동물에게 먹이를 주는 일 등을 열심히 했습니다.

  파브르는 전문적 보고서에서 시집에 이르기까지 200편이 넘는 책을 펴냈고, 그의 인생이 끝나갈 즈음에는 과학자로는 매우 드물게 노벨문학상 후보자로 선정

되었습니다. 많은 독자들은 파브르의 걸작으로 『곤충기』와, 곤충이나 다른 자연 관련 주제를 다룬 논문집 10권을 꼽는데, 이 책들은 모두 아름답고 이해하기 쉬운 문장으로 씌어졌습니다. 이 책들은 파브르의 다른 책들과 마찬가지로, 아무리 작고 하찮은 생명체라 하더라도 그 속에 담긴 신비로움과 경이로움을 이해하려면 참신하고 끈질기게 이 세상을 관찰하는 눈을 가져야 한다는 점을 매우 열심히 이야기하고 있습니다.

오늘날 사람들은 대부분 파브르의 삶과 탐구 활동을 거의 모릅니다. 그러나 그가 태어난 프랑스에서는 그 누구보다도 유명한 인물입니다. 곤충을 주제로 한 공원과 교육센터인 마이크로폴리스에는 어린 시절 그가 살던 집이 지금은 박물관으로 꾸며져 있고, 세리냥에 있는 그의 분홍색 집과 정원은 본디 모습으로 복원되어 일반인에게 개방되었습니다. 파브르가 태어난 지 200년 가까운 세월이 흐른 지금, 세상은 그가 생각했던 것보다 훨씬 빠르게 변하고 있습니다. 파브르가 소중하게 생각했던 곤충들 중 많은 수는 다른 여러 동·식물과 마찬가지로 멸종 위기를 맞고 있습니다. 그 때문에 지금 파브르의 메시지는 그 어느 때보다도 무겁게 느껴지고 있습니다.

🦋 파브르 연표

1823년 장-앙리 카지미르 파브르, 프랑스 생-레옹에서 태어나다

1826년 파브르, 말라발 마을에서 할아버지, 할머니와 함께 지내다

1830년 파브르, 생-레옹으로 돌아와 학교에 들어가다

1832년 파브르 가족이 큰 도시인 로데즈로 이사하고, 아버지가 카페를 열다

1839년 파브르, 학교를 마치고 독립생활을 시작하다

1842년 파브르, 사범학교를 졸업하고 카르펜트라에서 처음으로 교사 생활을 시작하다

1844년 파브르, 동료 교사 마리-세자린 빌라르와 결혼하다

1849년 파브르, 코르시카 섬의 아작시오에서 물리교사로 일하다

1853년 파브르, 아비뇽의 고등학교에서 학생들을 가르치다

1855년 파브르, 노래기벌과 말벌과 그 먹이인 바구미를 다룬 첫 과학 논문을 발표하다

1856년 프랑스 학사원으로부터 몽티용 상을 받다

1866년 파브르, 아비뇽 자연사박물관 큐레이터가 되고, 성인 대상으로 저녁 강의를 시작하다

1870년 파브르, 강의가 인기를 끌면서 의심의 눈길이 쏠려 큐레이터 자리에서 물러난 뒤 아비뇽에서 오랑즈로 이사하다

1877년 파브르의 아들 쥘, 16살의 어린 나이에 숨지다

1878년 파브르, 폐렴에 걸려 사경을 헤매다

1879년 파브르, 세리냥 마을로 이사해 아르마스라는 집을 사들여 곤충들의 '지상낙원'으로 바꾸기 시작하다. 집필 활동에 전념하며 『곤충기』 1권을 펴내다

1907년 『곤충기』 10권을 펴내다

1912년 파브르, 노벨문학상 후보자로 선정되다

1913년 프랑스 대통령 레몽 푸앵카레, 아르마스로 파브르를 찾아가다

1915년 파브르, 92살의 나이로 세상을 떠나다

지은이의 말

이 책을 쓰기 시작했을 즈음, 나는 아마추어 박물학자이자 평생 동안 곤충을 사랑했던 사람이었습니다. 나는 학교에서 생물학을 전공하고, 그 뒤 여러 해 동안 환경학 분야에서 일했지만 장-앙리 파브르는 거의 몰랐습니다. 사실 내가 어느 날 꽃밭에서 이상한 것을 보지 않았더라면 파브르를 알지 못했을 것입니다.

그날 본 것은 다름 아닌 적색과 흑색이 뒤섞인 멋진 말벌이 굉장히 큰 애벌레를 꽃밭을 가로질러 천천히 끌고 가는 모습이었습니다. 어디로 끌고 가는 것일까? 목적지까지 가는 길을 어떻게 아는 것일까? 애벌레는 죽었을까? 나는 굉장한 호기심을 느끼면서 마음이 급해졌습니다. 그래서 말벌이 제 갈 길을 가게 내버려 둔 뒤 이런 기이한 현상을 흔한 방식으로 알아보기로 했습니다. 즉 인터넷에서 찾아보기로 했습니다.

몇 시간 만에 나는 몇 가지 놀랄 만한 사실을 알게 되었습니다. 파브르라는 사람이 약 150년 전, 인터넷이나 그 밖의 다른 어떤 것도 없이 그저 두 눈과 아마도 누구나 만들 수 있는 간단한 도구 몇 가지만을 가지고 바로 똑같은 의문에 대해 모두 해답을 내놓았던 것입니다.

나는 이런 사실에 감동을 받았지만 혼란스러움도 느꼈습니다. 순박한 시골 소년이, 그리고 돈과 능력, 명성에서 거의 보잘것없는 사람이 어떻게 전 세계적으로 가장 저명한 과학자 중 한 사람이 되었을까? 또 내가 어쩌다가 이런 인물을 전혀 모르고 있었을까? 이제 나는 더 많은 의문을 품게 되었지만, 이내 그런 의문들—과 그에 대한 해답들—이 쌓여 한 권의 책이 된다는 점을 깨달았습니다.

나는 이 책이 어떻게든 파브르의 유산을 그 값어치에 걸맞게 널리 전파되게 하는 데 도움이 되기를 바랍니다.

🦋 옮긴이의 말

호기심은 무엇인가 새로운 것을 보고 그 속에서 궁금증을 풀고 즐거움을 느끼는 것입니다. 그러나 호기심은 보는 것으로 그치지 않고 만지거나 만들고 즐기는 것으로 이어지지만, 그 첫걸음은 아무래도 찬찬히 살피는 것으로 시작되겠지요. 호기심은 이런 관찰을 다리 삼아 탐구심으로 넘어갑니다. 그리고 우리는 장-앙리 파브르를 통해 가장 모범적인 관찰자의 모습을 봅니다.

그는 우선 열심히 살펴볼 대상을 생활 주변의 생명체에서 찾았습니다. 생명체 중에서 움직임이 거의 없는 식물보다는 동물 쪽에, 다시 동물 중에서도 곤충에 관찰을 집중시켰습니다. 밭이나 꽃밭, 풀밭, 길가에서 가장 흔하게 볼 수 있는 것이 온갖 벌레들이기 때문입니다. 파브르는 관찰할 때 곤충의 활동이나 움직임을 방해하지 않았습니다. 곤충이 서로 어우러져 사는 곳에서 일상적으로 움직이는 것을 지켜봐야만 타고난 모습 그대로를 알 수 있기 때문입니다.

파브르는 관찰에 머물지 않았습니다. 곤충이 자라면서 본디 모습과 달라지는 것을 빈틈없이 살펴 그런 진행이나 변화 과정에서 드러내는 새로운 행동이나 반응을 꼼꼼히 기록하고 분석해 일반적인 행태를 파악했습니다. 호기심이 탐구 활동을 넘어 과학으로 나아간 셈입니다. 파브르는 이런 기록을 바탕으로 많은 저

서를 펴내고, 수많은 논문을 발표했답니다. 파브르가 이처럼 크나큰 업적을 쌓을 수 있었던 이유는 어디에 있을까요?

그건 호기심과 관찰 속에서 느낀 '놀라움'이나 '경이로움'이었습니다. 자연은 온통 놀랄 만한 일로 가득 차 있습니다. 그러나 이런 놀라움은 산이나 들판처럼 광대한 자연보다 작디작은 곤충의 세계에서 찾을 때 더욱 크게 느껴집니다. 몇 킬로미터나 멀리 떨어져 있는 수컷 나방이 암컷이 풍기는 어떤 냄새의 흔적을 따라 찾아오는 것은, 파브르의 말처럼 그 속에서 우주 전체를 볼 수 있는 '경이로움'입니다.

파브르는 가난했습니다. 어린 시절엔 거칠고 쓸쓸한 산기슭에 외롭게 서 있는 칙칙한 농가에서 자라면서 나무와 돌, 곤충과 벗하다 밤이 되면 바람소리와 늑대 울음소리를 들으면서 잠들었습니다. 그러나 그는 평생 가난에 시달리면서도 곤충과 같은 생명체를 탐구하는 일을 멈추지 않았고, 그 결과를 이해하기 쉽고 또렷한 글로 재미있게 전했습니다. 과학을 다룬 당시의 따분한 글과는 전혀 달랐고, 이는 파브르가 숨지기 3년 전에 노벨문학상 후보가 된 이유이기도 합니다.

홍수원

글쓴이 **매튜 클라크 스미스** Matthew Clark Smith

작가 매튜 클라크 스미스는 아마추어 박물학자로서 거의 평생 동안 곤충을 사랑해 왔다. 학교에서 생물학을 전공했고, 이후 환경학 분야에서 일했다. 그는 디자이너, 뮤지션 겸 지도 제작자로서 버몬트 예술대학에서 창작법으로 석사 학위를 받았다. 그는 현재 가족과 함께 미시시피 주 잭슨에서 살고 있는데, 그곳에서는 곤충들과 사이좋게 지내지 않고는 배길 수 없다고 한다. 이 책은 그가 처음으로 펴낸 어린이 책이다.

그린이 **줄리아노 페리** Guiliano Ferri

일러스트레이터이자 애니메이터로 여러 상을 받았으며, 그가 삽화를 그린 그림책은 전 세계 여러 나라에서 출간되었다. 그는 장-앙리 파브르와 마찬가지로 소년 시절 풀밭에 엎드려 곤충들을 관찰해 다리 밑에 숨겨진 이 곤충들의 은밀한 세계를 밝혀내는 걸 즐겼다. 가족과 함께 이탈리아 페사로에 살고 있다.

옮긴이 **홍수원**

고려대학교 경영학과를 졸업했다. 합동통신과 《경향신문》 외신부 기자, 《한겨레》 논설위원과 편집부위원장을 지냈다. 옮긴 책으로 『메가트렌드 아시아』, 『세계화 없는 세계화』, 『제국의 패러독스』, 『버락 오바마의 담대한 희망』, 『위대한 길』, 『중국의 붉은 별』(공역) 등이 있다.

파브르 이야기
『곤충기』를 쓴 파브르의 특별한 삶

1판 1쇄 발행 2015년 9월 30일
1판 2쇄 발행 2017년 5월 5일

글쓴이 매튜 클라크 스미스 | 그린이 줄리아노 페리 | 옮긴이 홍수원 | 펴낸이 조추자 | 펴낸곳 두레아이들
등록 2002년 4월 26일 제10-2365호 | 주소 서울시 마포구 마포대로 14가길 4-11(공덕동 105-225)
전화 02)702-2119(영업), 703-8781(편집) | 팩스 02)715-9420 | 이메일 dourei@chol.com
블로그 blog.naver.com/dourei

* 이 책을 만드는 데 도움을 준 SBI 서울출판예비학교 출판편집자 과정 11기(김법열, 김수경, 김영준, 남민희, 박혜원, 이상화 외) 학생들에게 감사드립니다.
* 책값은 뒤표지에 적혀 있습니다. 잘못 만들어진 책은 구입하신 곳에서 바꾸어 드립니다.
* 이 도서의 국립중앙도서관 출판예정도서목록(CIP)은 서지정보유통지원시스템 홈페이지(http://seoji.nl.go.kr)와 국가자료공동목록시스템(http://www.nl.go.kr/kolisnet)에서 이용하실 수 있습니다.(CIP제어번호: CIP2015024532)

ISBN 978-89-91550-72-8 77840

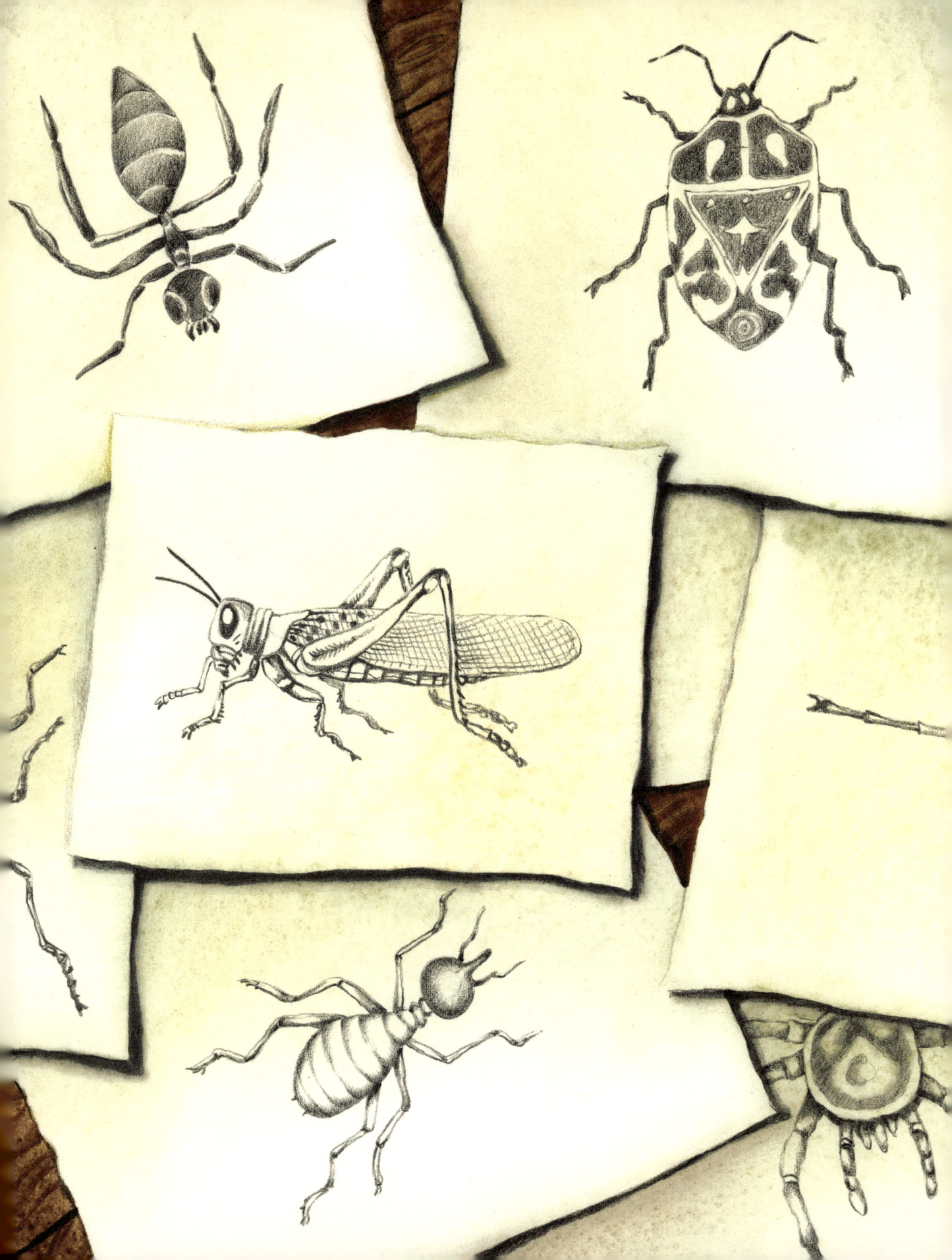